시가 있는 이야기가게

글.그림 조은숙

목차

1. 건조한 기침
2. 그림자 꽃
3. 나는 된장입니다
4. 나의 수돗가
5. 당신이라는 말
6. 뒷골목
7. 땀
8. 물밥과 요리책
9. 박의상실
10. 배다리

11. 배다리
12. 뿌리
13. 사라진 겨울
14. 사랑노래
15. 아침이 온다
16. 연
17. 환생

건조한 기침

익숙한 가지에서
더 이상 머무를 수 없는 곳에서
스스로를 떼어내는 순간
씨앗은 바람을 선택하는 법을 배운다
잊히는 것과 기다리는 것 사이
자신을 지우는 법을 익혀간다

새의 부리에 물려
짐승의 털에 들러붙어
누군가의 바짓단에 얽혀
때로는
입안의 이물처럼
뱉어지기도 한다.

분해되고, 흩어지고
그럼에도 살아남은 것
똥 범벅으로 살아남은 씨앗

침묵의 시간 속에서
기침처럼 터지는 숨통
그 건조한 기침이 봄이다.

말없이 땅을 뚫고 올라온 떡잎 하나

생명이란 얼마나 많은 오염과
고난을 거쳐야 비로소 피어나는가

그림자 꽃

가문 벽에 꽃이 물들었네
물 한 방울 젖어 들지 않은 시멘트에
아롱아롱 그림자 꽃

너무 선명한 것들이 많아서
지친 색깔
호시탐탐 꺾으려 해서
잡히지 않게 그림으로 핀 꽃

꽃이라고 다 향기가 있는 건 아니지
무조건 코를 들이대지 말기

아침 햇살과 함께 처마 밑으로 숨어든
몽환의 꽃
해가 방향을 틀면
금세 사라질지도 몰라

씨앗을 걱정하지 않고
물을 기다리지 않고
뭐가 되려 하지 않는

매일매일 엄마 사진 걸린 벽에
흐드러지게 피는 꽃
바람이 건드려 줄 때 더 예쁜

그 벽에 등을 대면
행복하기까지 한
모질게 못을 쳐도 용서해주는
벽은 대단한 품을 가진

그 곳에 안긴 꽃

나는 된장입니다

미지근한 윗목에서
잘 곰팡이 슬어
맛을 기다리는 장입니다.
군둥네가 난다고 코 막지 마세요.
곰보가 밉보여
사랑도 안 해주시지만
푸르게 설은 거미줄을 얽어
겨우내 묵었다가
이른 봄
당신의 성찬에 양념이 되렵니다.
나는 말고라도
어머니가 그립거든 찾아와 주세요.
그때, 나는 햇볕 한 줌 얻어먹으며
배고팠던 인사
울림 크게 메아리치는 항아리 속에서
당신의 칭찬을 기다릴 거예요.

나의 수돗가

정오,
그림자는 숨을 곳을 잃고
새들은 부리로
그림자를 쪼아 삼킨다

수돗가에서
입을 헹군 뒤
날아오른다

방범창 밖은
걷는 것조차 위험한
엘살바도르,
나는 이민자

단조로운 생존의 시간 속에서
하루에도 몇 번씩
발을 씻는다

벤저민 나무 아래
총 든 경비가
매서운 눈빛으로
신분을 확인하고

지루한 오후를
깨물던 새들이
재잘, 재잘, 끝없이 재잘

새야,
날 데려가 줘
삭정이 가지라도 좋아
야자나무 어귀를 돌아
신작로가 나오면
태평양을 건너자

나를,
고향으로 데려다줘
아버지, 어머니가 보고 싶어
미칠 것 같아
새야…

당신이라는 말

참, 감미롭지
넓은 토란잎을 두드리는 빗방울처럼

"당신 내 걱정 마세요"

참, 간지럽지
동상(凍傷) 걸린 귓볼, 풀리는 봄날처럼

마치, 이 세상에 없는 말처럼
음(音)의 모자(母子)를 씌우지 않은 휘파람처럼

그대의 몸에서
나의 몸으로 건너오는
당신이라는 말

참, 사랑스럽지
각설탕의 귀퉁이가 스르르 녹아지듯

옹이진 모서리마다
따뜻한 손길로 어루만지는
당신이라는 말

"당신 밥 거르지 마세요"

참, 이상하지
당신이 부르면 딱딱한 내 몸이 말랑해지는

입의 혀처럼, 허밍으로도 노래가 되는
당신이라는 말

겨울 아침
그대 뜨거운 입김으로 햇살의 흰 뼈가 드러나듯

내게 처음 입 맞추던
그 부드러운 입술로 엮어내는
당신이라는 그 말

뒷골목

습기 찬 벽에 기대
껌을 씹고
전봇대를 걷어차던
반짝이는 분노의 골목

지린내 나는 막다른 길은
욕심과 강요를 피해
숨은 마음의 피난처

열여덟,
겁에 찬 꿈 하나
가자미처럼 눈 흘기며
성수동 공단을 걸었다

양은냄비, 종이상자,
헐거운 물건들 속에
부끄러움 하나 덮을
이불조차 변변치 않던

그 시절,
누군가는 계량기 검침하고
누군가는 개에게 쫓기고
누군가는 보도블록에 하이힐이 박혔지만
그래도 모두
넘어지지 않고 살았다

인생은 어둑한 골목이기도,
햇살 가득한 광장이기도 한 것
누구에게나 뒷골목은 있다

생라면 부숴 먹던
그 가난한 청춘에게
사랑한다고 말하리라
태양은 바라보는 자의 것이라고

땀

두건을 벗으면
습한 청솔가지
피부 모공마다
소금기 솟는
육신의 샘

육합을 돌다 온
쉰내 나는 세월
'아버지!
이드거니 젖은 속내의
삶아도 누런빛은
여전하군요.'

"공짜는 헤프다
땀 흘리고 살아야 혀"
열여덟 객지 나서는 딸
배웅하며 흔들던 손,
손바닥 마디마디 굳은살
먼저 다짐시키고

다시 손목 잡으려면 멀었는데
꽃이 이운다
단풍이 물든다
아버지 수확이 뒤주에 찼다

물밥과 요리책

노는 사람
세 끼는 염치없다

사발 부딪히는
헛수저질 소리
혼자 먹는 밥

국도 찬도 없이
맨밥 목구멍에 걸리면
물 말아
요리책을 보며 먹지

맑은장국, 해물찌개
물리게 먹고 싶은
호박전까지

머리말 빼고
3장부터 넘기기 시작하면
팔자에 없는 산해진미
잔칫상

책장 넘기며
거하게 잘 먹었다.

박 의상실

밤을 덧대어 누빈 하루
구겨진 말들을 펴고
주머니 속 울컥한 침묵을 꿰매며
하루치 마음을 접어 넣는다

감치고, 홀치고, 시침해도
가난은 터진 솔기 같아
덧댈 수 없는 미움들까지
조각조각 이어본다

한 땀, 한 땀
속살 드러낸 상처에
실을 꿰었다

참혹하게 젖은
어떤 날도
어깨선에 맞춰
조용히 다려냈다

그리우면
단추를 매만진다

오래된 손끝의 기억
단추를 달고
실밥을 정리한다

손님들의 다친 어제들이 수선되어
반듯하게 옷걸이에 걸리면

그제야
나는 누구의 몸에
맞는 위로가 된다

정성은 거짓이 없다

배다리

샛골 바람 길은 칼바람
배다리 사람들은 작은 간장 종지에도
화를 올려놓지 않는다

낮은 지붕과 좁은 골목길
여백을 좋아하는 사람들이
헌책방에 모여 시를 읽거나
철길 다리 밑에서 벼룩장터를 연다

얼마나 좋으면
동전 떨어지는 소리는 들려도
기차 지나가는 소리는 안 들려

배다리

어지간한 흉년이 들더라도
우리들 가난한 사랑은 배고프지 않다
더는 허기지지 않게
쌀알 같은 이야기들 한 됫박씩 꺼내
찬밥을 남기지 않을 정도의 먹을 만큼만 뜬다
바짝 마른 쌀들이 목을 축이며 뜸들 때
불꽃을 낮추고 그리움을 짓는다

우리의 사랑을 키워낸 힘의 팔 할은
기다림과 인내에서 생성된 것이니
기댈 등 없어 아프지 않기를
외로운 밥상 앞에서 눈물 흘리지 않기를

까불락 거리는 햇살들이 집으로 가는 저녁
일 속에 뒤엉켜 휴식을 불안해하던 붉은 눈을 본다
가파른 산맥을 넘지 못해 슬퍼하던 욕망들은
밥 한술 편히 뜨지 못한 채

자고나면 놀이터가 없어지고 돌탑이 무너지고
들풀들이 뿌리 채 뽑혀진 애매한 땅에
봄 양귀비는 기생처럼 홀리다 갔다.
여름 해바라기가 키를 재고
가을 코스모스가 손 흔들며 인사하지만
텃밭 푸성귀만 못하지
암만해도 눈요깃거리들은 배를 채우지 못하지

샛골 바람 길은 칼바람.
배다리는 작은 간장 종지에도 화를 올려놓지 않는다.

여백을 좋아하는 사람들과
틈을 가꾸는 사람들
십 년 넘게 시 다락방에 모여 시를 읽거나
철길 다리 밑에서 벼룩장터를 여는 사람들
낮은 지붕들과 좁은 골목길
헌책방에는 오래된 시간과 황홀한 이야기가 산다.

어제와 오늘을 잇는
배와 배가 맞닿아 다리가 되었다는 배다리
"사람이 그리우면 배다리로
천천히 느리게 걷고 싶으면 배다리로
사랑 짓는 배다리로 오세요."

뿌리

산이 날 품지 않았다.
내가 산을 쥐고 있었던 거다.
내 굳은 뼈마디가 드러나기 전에는
아무도 나의 처절한 분투를 기억 못한다.
잎새와 꽃, 열매는 겉멋이 들어 눈웃음을 쳐도
땅속에 박힌 내 노동은 고단했다.

흙 좀 덮어 주게
그리고 그냥 무자비(無慈悲)로 밟아주게.
오줌도 싸고, 침도 뱉고
버리고 싶은 썩은 찌꺼기 부어 주게
최악의 상황에서 수맥을 끌어당기고 양분을 취하는
내 힘을 보게
잔뼈들이 이토록 산을 쥐고 있는데
누가 산이 나무를 돌본다 하는가

사라진 겨울

하얀 눈송이를 받아먹던 겨울이 아닙니다.
수정고드름 거꾸로 얼어붙던 처마도 구경할 수 없고
비닐포대나 고무다라를 깔고 앉아
빙판진 언덕길을 미끄럼 타던 아이들도 보이지 않습니다.
교실 한가운데 조개탄 불덩이가 용광로처럼 타던 난로
그 위에 양은 도시락을 얹던 구수함도 배어나지 않습니다.
성에 낀 유리창에 손가락으로 물 그림을 그리고
호- 입김을 불어 주먹도장을 찍던 우린
그냥 그것들이 금새 사라져도 좋았습니다.
외풍은 불고 창틀이 덜덜거리던 시멘트 담벼락 안에서
아버지 앉아 계신 아랫목만 간신히 따뜻했던 온돌방이
지금은 너무도 그립습니다.
행복이 즉석 풀빵을 굽는 것처럼 쉽게 모양 나는 일이 아니듯
바람을 피해 산다는 것
가족이 한자리에 모인다는 것은 참 행복한 일입니다.
나도 모르게 자꾸만 곶감 이야기 무르익던 겨울이 아니라고
고개를 흔드는 까닭은 혼자 있는 침묵이 무서워서일 겁니다.
그래도 옛날은 사람 사는 정겨운 소리가 들렸습니다.
무얼 들킬세라 조심하며 귀를 세운 오늘과는 솔직함이 달라
이 겨울, 서둘러 달력을 찢습니다.
손이 시린 사람들과 봄을 기다리는 사람들과
까치 소리 나고 있을 하늘가에 콧노래를 띄우겠습니다.

사랑노래

그대 있음으로
장마철 무서운 천재지변이
어둠 속을 포효해도
두렵지 않았습니다.

알코올 보다 더 쓴 밤
죄짓던 손은 부끄러워
벽에 걸린 나무 십자가에
수건을 덮고
일 초 일 초
푸른 힘줄 짚으면
맥박은 그대 몫까지
박동을 했습니다.

행여
속고 또 속을지라도
죽고 또 죽어질지라도
그댈 위한 사랑에는
분함이 없습니다.

사랑은 가파른 숨결
온 우주를 삼켜
또 하나의 나를 잉태하고

시나브로
속으로 불리는 이 노래에는
그칠 수 없는 도돌이표가
실핏줄 오선지마다
두 점을 찍고 세로 서 있습니다.

아침이 온다

옆집 함석지붕이 방 창틀에 맞닿아
가끔은 고양이가 앉아 노려보기도 하고
발톱으로 방충망을 찍어
열어 재낀 채 도망가기도 한다.

두려움을 달래면
빛과 바람과 하늘을 볼 수 있다
심장박동을 잠재우면
쪽문 틈으로 아침을 맞을 수 있다

커튼이 없으니 어제는
벗어둔 치마로 창을 가렸다

고양이 네 놈은 모를 거다
날카롭게 어둠을 긁어 신호를 보내도
절대 문 열어 줄 수 없다는 걸
밤사이 고독의 상처를 만드는
옷핀 같은 성깔이 내게도 있다는 걸

어둠과 음습을 뒤척이며
척박한 뼈 사이를 헤치며
베갯머리에 눈물 한 바가지 쏟아 내고야
방충망을 흠집 낸 고양이 발톱 같은 아침이
위험한 숨구멍을 몇 개 터준다
살자, 견뎌내자

연

푸른 하늘만 보면 연을 띄우고 싶다.
연은 물고기도 되고
바람을 가르는 칼도 된다

연은 내 마음의 새 이다.

연을 보자고 한 점을 꿰뚫다 보면
우주는 점 하나로 관통한다.
그 바늘귀만한 구멍은 우주의 배꼽
얼레는 탯줄을 푼다.

연은 사내가 낳은 자식이다.

환생

꽃도 말고
새도 말고
꼭 사람으로 태어나게 하소서

살아 가난했던 때
신세지며 섭섭하게 한 일
이웃도 모르고 지낸 일

사랑치 못한 사람들의
종으로 살터이니

미인도 말고
공주도 말고
튼튼한 억척네로
태어나게 하소서

작가의 말

"시는 가끔 약이 된다"

1967년 겨울, 군산에서 태어나 열여덟 살에 혼자 서울로 왔습니다. 삶이 조금씩 손에 익어갈 무렵, 시인이 되었고 30년 가까이 동화구연가로 활동하고 있습니다. 아이들을 만나 인형극, 그림자극, 연극을 하며 말이 가진 따뜻한 힘을 배워갔지요.
2008년, 온 가족이 엘살바도르로 이민을 떠났습니다. 타국의 햇살과 먼지, 언어와 풍경 속에서 재외동포들과 현지인들에게 한국어와 문화를 가르쳤습니다. 그리고 빈민가 어린이들이 위험과 가난 속에서도 안전하고 밝게 자라나기를 바라며 학교 보내주기 프로젝트를 10년간 이어갔습니다.

돌아와 보니 마음 속에 이야기로 부풀다 사라진 것들이 있더군요. 그것들을 조심스레 모아 2018년에는 『엘살바도르 맹그로브 숲의 아이들』이란 그림책을 냈습니다.

어반스케치를 조금 배우다가 멈췄는데 그 서툰 그림과 시들을 세워 책을 묶었습니다.
책이 약방이라면, 시와 시어는 처방전 같다고 생각합니다. 어떤 날은 쓰고, 어떤 날은 눈물겹고, 어떤 날은 꼭 웃게 하는... 그런 문장들을 모아 '시가 있는 이야기 가게'를 열었습니다.

지금은 인천 배다리10에서 복합문화공간 창영당 대표로 있어요.
바코드도, 가격표도, 유통기한도 없는 조용한 가게의 문을 엽니다.